BARALHO de AUTISMO | Avaliação e intervenção

MANUAL de INSTRUÇÕES

REGINA MARIA FERNANDES LOPES
ROBERTA FERNANDES LOPES DO NASCIMENTO

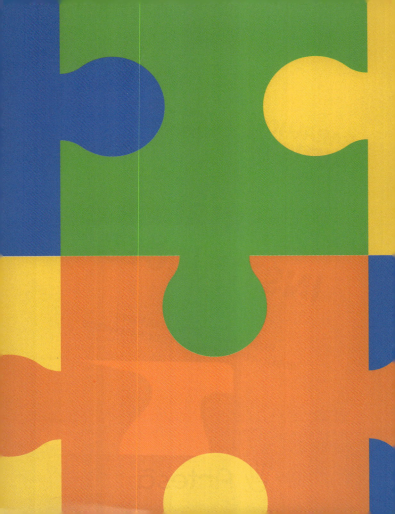

✜ Sumário

✜ Introdução   5

✜ Objetivo   8

✜ Como utilizar   11

✜ Descrição do material   16

✜ Referências   20

✜ Sobre as autoras   23

✜ Outros materiais da coleção   26

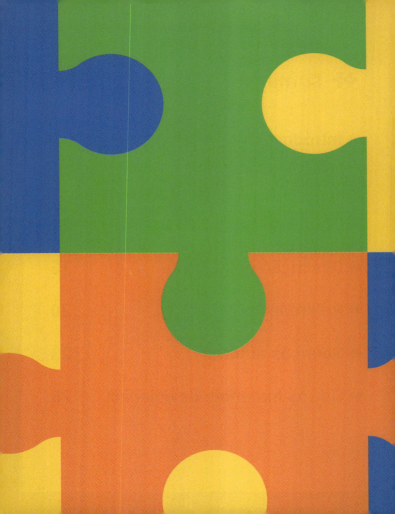

✥ O QUE É O TRANSTORNO DO ESPECTRO AUTISTA (TEA)?

O Transtorno Espectro do Autismo (TEA) é um termo amplo usado para descrever um grupo de transtornos do neurodesenvolvimento. Esses transtornos são caracterizados por problemas de comunicação e interação social. Pessoas com TEA demonstram interesses ou padrões de comportamento restritos, repetitivos e estereotipados. O DSM-5 atualmente reconhece cinco subtipos ou especificadores TEA diferentes: com ou sem deficiência intelectual; deficiência de linguagem; associado a uma condição médica ou genética conhecida ou a um fator ambiental; associado a outro transtorno do neurodesenvolvimento, mental ou comportamental. De acordo com o DSM-5, o diagnóstico mais amplo de TEA engloba doenças como a síndrome de Asperger (APA, 2014).

O Transtorno do Espectro Autista (TEA), em muitos casos, apresenta dificuldades na comunicação e interação social. Neste contexto, esta ferramenta foi projetada para estabelecer uma comunicação constante sobre as mudanças de humor entre uma criança com TEA, principalmente com seus cuidadores, terapeutas, professores e com sua família para evitar crises.

✦ Qual o objetivo do material?

O objetivo da ferramenta e/ou recurso terapêutico é reconhecer a conexão entre padrões de comportamento diário e emoções. Desta forma, quando a criança e o adulto começam a perceber as emoções que antecedem uma crise, podem aprender a interromper o comportamento antes que ele comece e agir na prevenção, assim como, para a identificação precoce dos sintomas e fazer encaminhamentos para avaliação e tratamentos com profissionais especializados na área. Essa ferramenta não tem como objetivo substituir tratamentos convencionais multidisciplinares. Trata-se de um recurso auxiliar para a identificação e algumas possíveis intervenções para melhorar a qualidade de vida desta população.

De acordo com Manual Estatístico dos Transtornos Mentais – DSM-V (APA, 2014), os graus são assim apresentados:

AUTISMO LEVE

Sinais brandos
Poucos sinais
Menos comprometimento
Melhor comunicação
Aprende habilidades com mais facilidade

AUTISMO MODERADO

Sinais entre os brandos e os intensos

Mais sinais que no nível anterior

Comprometimento leve

AUTISMO SEVERO

Sinais mais intensos e frequentes
Maior comprometimento
Comunicação ausente
Grande dificuldade na aprendizagem de habilidades
Apoio pervasivo maior

Como utilizar o material?

Alternativa 1:

Para profissionais da saúde, durante a anamnese, colocar as cartas em cima da mesa e solicitar aos responsáveis pela criança que separem as cartas correspondentes às características ou não de seu filho ou filha referente às cartas identificação. O objetivo é tornar este momento mais lúdico, visto que uma entrevista inicial contém muitas perguntas que irão sensibilizar os pais, desta forma, podendo proporcionar um momento mais leve emocionalmente para a família. O profissional pode separar as cartas específicas antecipadamente de acordo com o caso.

Sugere-se também utilizar a carta Tabela Medidora para mensurar os comportamentos e sintomas, principalmente se continuar atendendo ao paciente.

Alternativa 2:

A atividade é dividida em duas partes e é utilizada de forma individual para a criança com TEA e o facilitador.
• Solicitar à criança que escolha as cartas que melhor representam como se sentiu em variados momentos do dia e as coloque nos espaços designados pelo facilitador do Quadro Circuito Emocional (especificar turnos e noções temporais como no exemplo: manhã início, manhã meio, manhã final ou tarde inicial, tarde meio, tarde final ou noite início, noite meio, noite final). Estas divisões do dia criam uma cronologia visual do dia emocional da criança, como também auxilia na consciência emocional.
Sugere-se também utilizar a carta Tabela Medidora para mensurar os comportamentos e sintomas, principalmente se continuar atendendo ao paciente para implementar intervenções mais adequadas.

Alternativa 3 – Material complementar

O facilitador solicita ao paciente para se concentrar no sentimento acionado pela situação e/ ou assunto que estão trabalhando naquele momento que estão usando o baralho.

O paciente é impulsionado a escolher a representação do sentimento no Quadro das Emoções/Sentimentos - representado com figuras (apontando ou falando o nome da emoção). Também pode usar a Tabela Medidora (carta com intensidade 1 a 10), para verificar a intensidade dos sintomas e ir anotando na folha de anotações.

O facilitador pergunta ao paciente sobre uma possibidade da mudança na emoção para um próximo dia (o que podemos combinar de ações e/ou pensamentos para tornar melhor ou mais favorável a adaptação com menor sofrimento nesta situação que estamos trabalhando).

Anota a emoção 1, o nome da emoção que será monitorado em uma semana (marcando no dia da semana: o turno que sentiu aquela emoção e no espaço em branco (usando o Quadro das Emoções/Sentimentos a descrição detalhada das emoções base) anotar o conjunto dos comportamentos, pensamentos e emoções na busca de sentimentos mais adaptados, assim como a intensidade destes sintomas através da carta Tabela Medidora. O objetivo é monitorar para verificar novas intervenções, assim como analisar se estão tendo efeitos as utilizadas.

A folha de anotações do circuito vai auxiliar para criar um gráfico das emoções ao longo do mês, como também, um instrumento para refletir os componentes do sentimento acionado e uma ação mais eficiente e detalhada no caminho da psicoeducação das emoções.

Material necessário:
As cartas de crianças, adolescentes ou adultos
Carta Tabela Medidora
Folha Quadro Circuito Emocional e Quadro das Emoções/Sentimentos (Impressa e Material Complementar)
Folha para anotações (não incluso)

✜ Descrição do Material

- ✜ **40 cartas** TEA Adultos
  (Avaliação e Intervenção / Verde e Azul)
- ✜ **40 cartas** TEA Crianças e Adolescentes
  (Avaliação e Intervenção / Laranja e Amarelo)
- ✜ **2 cartas** medidoras
- ✜ **1 manual** de instruções
- ✜ **Material Complementar** – disponível online através do QRcode abaixo e exemplificado nas páginas 18 e 19

Escaneie o QrCode ou acesse:
bit.ly/baralhodeautismo

QUADRO DAS EMOÇÕES/SENTIMENTOS

*Acesse o material complementar pelo QRcode.

QUADRO CIRCUITO EMOCIONAL

ARTESAEDITORA.COM.BR — Artesã

		DOMINGO	SEGUNDA	TERÇA	QUARTA	QUINTA	SEXTA	SÁBADO
EMOÇÃO 1	MANHÃ							
	TARDE							
	NOITE							
EMOÇÃO 2	MANHÃ							
	TARDE							
	NOITE							
EMOÇÃO 3	MANHÃ							
	TARDE							
	NOITE							
EMOÇÃO 4	MANHÃ							
	TARDE							
	NOITE							

*Acesse o material complementar pelo QRcode.

Referências:

American Psychiatric Association. (APA). (2014). *DSM 5: Manual Diagnóstico e Estatístico de Transtornos Mentais* (5ªed.). Porto Alegre: Artmed.

Camargos J. W. (2017). *Intervenção precoce no autismo: guia multidisciplinar: de 0 a 4 anos*. Belo Horizonte: Editora Artesã.

Cervera, Gonzalo Ros, Romero, María Gracia Millá, Mas, Luis Abad, & Delgado, Fernando Mulas. *Modelos de intervenção em crianças com transtornos do espectro do autismo*. Recuperado de https://www.intechopen.com/books/autism-spectrum-disorders-from-genes-to-environment/intervention-models-in-children-with-autism-spectrum-disorders.

Ferreira, X., & Oliveira, G. (2016). *Autismo e Marcadores Precoces do Neurodesenvolvimento*. Acta Medica Portuguesa, 29(3).

Gomes, C. G. S., & Silveira, A. D. (2016). *Ensino de habilidades básicas para pessoas com autismo.* Appris Editora e Livraria Eireli-ME.

Locatelli, P. B., & Santos, M. F. R. (2016). Autismo: propostas de intervenção. *Revista Transformar,* 8(8), 203-220.

Øien, RA, Hart, L., Schjølberg, S., Wall, CA, Kim, ES, Nordahl-Hansen, A., ... Shic, F. (2017). Diferenças sexuais endossadas pelos pais em crianças com e sem TEA: Utilizando o M-CHAT. *Journal of autism and developmental disorder,* 47 (1), 126-134.

Teórico-Prático, V. C. (2018). *Do diagnóstico e intervenção precoce à vida adulta.* (Doctoral dissertation, Centro Hospitalar e Universitário de Coimbra).

Volkmar, F. R., & Wiesner, L. A. (2018). *Autismo: guia essencial para compreensão e tratamento.* Artmed Editora.

Zanon, R. B., Backes, B., & Bosa, C. A. (2014). Identificação dos primeiros sintomas do autismo pelos pais. *Psicologia: Teoria e Pesquisa,* 30(1), 25-33.

SOBRE AS AUTORAS

Regina Maria Fernandes Lopes

Psicóloga (PUCRS), Neuropsicóloga, Pós-doutorado em Psicologia Clínica (PUCRS), Doutorado e Mestrado em Psicologia Clínica (PUCRS), Especialista em Psicologia Clínica – Ênfase em Avaliação Psicológica, Reabilitação Neuropsicológica, Neuropsicologia e Terapia Cognitivo Comportamental. Coordenadora, Supervisora dos cursos de Avaliação Psicológica, Neuropsicologia e Reabilitação do Núcleo Médico Psicológico. Autora e coautora de diversos artigos, capítulos e livros.

Roberta Fernandes Lopes do Nascimento

Psicóloga (PUCRS), Mestre em Psicologia Clínica (PUCRS), Especialista em Avaliação Psicológica e Psicodiagnóstico, Especialista em Psicologia Jurídica, Especialista em Psicologia do Trânsito, Especialista em Psicologia e Orientação Profissional, Diretora, Supervisora e Professora da Núcleo Médico Psicológico em cursos de extensão e Pós-Graduação. Autora e coautora de diversos artigos, capítulos e livros.

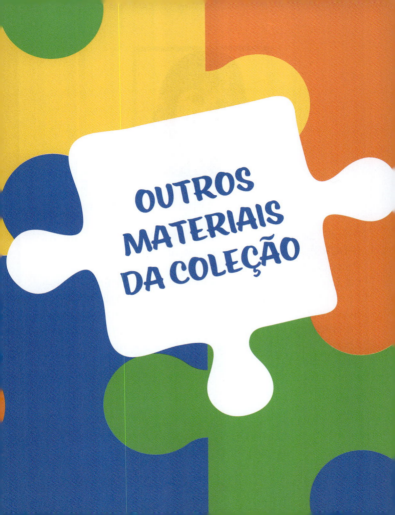

✣ Apresentação da coleção

É com imensa satisfação que apresentamos a "Coleção Avaliação & Intervenção", que foi estruturada de maneira que o leitor reforce o seu conhecimento acerca na realização de avaliações psicológicas e neuropsicológicas, incluindo intervenções. Os volumes iniciais lançados abordaram a Reabilitação Neuropsicológica: Avaliação e Intervenção em crianças, adolescentes, adultos e idosos, que propicia ao leitor o aprendizado sobre o assunto em diferentes contextos das fases do desenvolvimento. A coleção tem como objetivos mostrar práticas de avaliação e intervenção. Os demais volumes estão direcionados à abordagem da atuação do profissional, principalmente do psicólogo, em avaliações e/ ou intervenção em diferentes contextos, entre os títulos estão: Avaliação Psicológica Psicossocial (envolve Normas Regulamentadoras: NRs); Avaliação Psicológica em crianças e adolescentes; Avaliação Psicológica em adultos e idosos; entre outros títulos a serem incluídos na coleção "Avaliação & Intervenção".

REABILITAÇÃO NEUROPSICOLÓGICA
AVALIAÇÃO E INTERVENÇÃO DE ADULTOS E IDOSOS

REABILITAÇÃO NEUROPSICOLÓGICA
AVALIAÇÃO E INTERVENÇÃO DE CRIANÇAS E ADOLESCENTES

AVALIAÇÃO PSICOLÓGICA PSICOSSOCIAL
PARA REALIZAÇÃO DE ATIVIDADES QUE ENVOLVAM RISCOS CONFORME AS NORMAS REGULAMENTADORAS: (NR 33), (NR 35) E DEMAIS NORMAS

FAMÍLIA TERAPÊUTICA

ORIENTAÇÃO PROFISSIONAL

Baralho de Autismo
Copyright © 2022 Artesã Editora
1ª Edição - 3ª Reimpressão 2024

É proibida a duplicação ou reprodução deste volume, no todo ou em parte, sob quaisquer formas ou por quaisquer meios (eletrônico, mecânico, gravação, fotocópia, distribuição na Web e outros), sem permissão expressa da Editora.

Diretor | Alcebino Santana

Coordenação Editorial | Karol Oliveira

Direção de Arte | Tiago Rabello

Revisão | Natália Castro e Giovanna Marques Hailer Felipe

Projeto Gráfico | Ana Stancioli Castriota

B224   Baralho de autismo / organizadoras : Roberta Fernandes Lopes do Nascimento , Regina Maria Fernandes Lopes. – Belo Horizonte : Artesã, 2022.
        82 cartas em caixa : il. ; 15 x 12 cm + manual . –
(Avaliação e intervenção)
   ISBN: 978-65-86140-85-9

      1. Autismo em crianças. 2. Autismo em adolescentes. 3. Autismo em adultos. 4. Avaliação psicológica. 5. Intervenção psicológica. I. Nascimento, Roberta Fernandes Lopes do. II. Lopes, Regina Maria Fernandes.

                                                   CDU 159.9.07

Catalogação: Aline M. Sima CRB-6/2645

📞 (31)2511-2040 💬 (31)99403-2227
🌐 **www.artesaeditora.com.br**
📍 Rua Rio Pomba 455, Carlos Prates - Cep: 30720-290 | Belo Horizonte - MG
📷 🅵 /artesaeditora